HALLOWEEN

por Joyce K. Kessel

ilustraciones de Nancy Carlson

ediciones Lerner/Minneapolis

La edición en español fue realizada por un equipo de traductores hablantes nativos del español de translations.com, empresa mundial dedicada a la traducción.

ediciones Lerner
Una división de Lerner Publishing Group, Inc.
241 First Avenue North
Minneapolis, MN 55401 EUA

Dirección de Internet: www.lernerbooks.com

Library of Congress Cataloging-in-Publication Data

Kessel, Joyce K.
    [Halloween. Spanish]
    Halloween / por Joyce K. Kessel ; ilustraciones de Nancy Carlson.
       p. cm. — (Yo solo festividades)
       ISBN 978–0–8225–7790–4 (lib. bdg. : alk. paper)
    1. Halloween—Juvenile literature. I. Carlson, Nancy L. II. Title.
    GT4965.K4718 2008
    394.2646—dc22   2007006307

Fabricado en los Estados Unidos de América
1 2 3 4 5 6 – DP – 13 12 11 10 09 08

A mi padre y a Dee — J.K.K.

A mi madre y a mi padre — N.C.

El otoño siempre ha sido
una época especial del año.
Es el momento de dar gracias.
La siembra se ha cosechado
y hay alimento suficiente para todos.

Pero hace cientos de años,
el otoño también era una época
que la gente temía.
Las personas sentían que el sol se debilitaba,
notaban que los días se acortaban
y veían que las plantas se morían.

Hace mucho tiempo,
esas cosas asustaban a la gente.
Creían que había poderes malignos
que alejaban al sol.

Los celtas eran un pueblo

que existió hace más de 2,000 años.

La mayoría de sus habitantes vivían

en Gran Bretaña e Irlanda.

Los celtas tenían muchos dioses.

Uno de esos dioses era Saman,

el dios de la muerte.

Su noche especial era el 31 de octubre,

en la víspera del Año Nuevo celta.

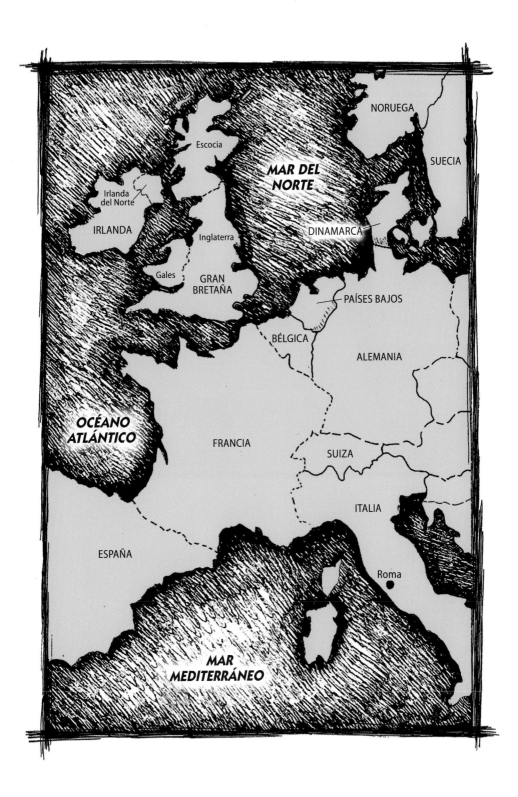

Los celtas creían
que Saman venía a la Tierra esa noche
y además permitía que los muertos lo
acompañaran.
Los celtas hacían fogatas donde
quemaban animales como ofrendas a Saman.

Los celtas a veces usaban trajes

hechos con pieles y cabezas de animales.

La noche de Saman era

una noche de miedo.

Señalaba el comienzo del invierno.

Y fue en el origen de nuestro *Halloween*.

En al año 43 d.C.,

los romanos conquistaron a los celtas.

Los romanos también tenían

muchos dioses.

Uno de ellos era Pomona,

la diosa de los frutos.

Su festividad era en otoño.

Se celebraba justo después

de la noche de Saman.

Pero la festividad de Pomona era alegre.

Era una fecha para dar gracias

a todos los dioses.

Las manzanas eran importantes

en la celebración de la diosa.

Así que los romanos les ofrecían manzanas

a los dioses de la lluvia y del fuego

para agradecerles

por no haber arruinado la cosecha.

13

Los romanos gobernaron a los celtas
por casi 400 años.

Durante ese tiempo,

las festividades de Pomona y Saman

se mezclaron y se convirtieron

en la misma fiesta.

En el siglo XIX,

muchas personas emigraron

a los Estados Unidos.

Algunas venían de Gran Bretaña e Irlanda,

donde habían vivido los celtas.

Estas personas trajeron consigo

sus festividades.

Una de esas festividades era Halloween.

Gatos negros

Piensa en todos los gatos negros
que ves en Halloween.
Gatos negros junto a
calabazas iluminadas.
Gatos negros montados
en el palo de escoba de las brujas.
Algunas personas creen
que los gatos negros traen mala suerte.

Los celtas creían que los gatos negros
habían sido personas
y que un maleficio
las había transformado en gatos.
Apresaban a los gatos negros
con cadenas plateadas
y los conservaban
para proteger los tesoros de las iglesias.

Calabazas iluminadas

La tradición de las calabazas iluminadas
viene de Irlanda.

Los irlandeses cuentan un relato
sobre un hombre llamado Jack.

Jack era muy malo.

No podía ir al cielo.

Entonces lo enviaron al infierno.

Pero allí hacía demasiadas travesuras.

El diablo se enojó
y finalmente expulsó a Jack
del infierno.
Jack no tenía adónde ir.
Tuvo que vagar por la Tierra para siempre.
Todo lo que poseía
era una pequeña linterna.

Los irlandeses lo llamaron
"Jack de la linterna".
Por esa razón
cuando iluminamos calabazas
como si fueran linternas,
en inglés las llamamos *jack-o'-lanterns*.

Pedir dulces

La costumbre de pedir dulces
también viene de Irlanda.
Hace mucho tiempo,
la gente creía en fantasmas.
Los astutos campesinos irlandeses
aprovecharon esa creencia.
Iban a las casas de los ricos y pedían alimento.
Si no les daban nada,
los campesinos les hacían alguna travesura.

Les robaban la puerta del corral, por ejemplo.
O movían una carreta muy lejos de donde
estaba antes.
La gente creía que eran los fantasmas
quienes habían hecho las travesuras.

—Debemos ser generosos—se decían—.

—Así, los fantasmas nos dejarán en paz.

Así fue como comenzaron a regalar

alimento a los campesinos.

¡Y los fantasmas dejaron de molestarlos!

Fantasmas

Un fantasma es el espíritu de
una persona muerta
que visita a una persona viva.
La mayoría de las personas
ya no creen en los fantasmas.
Pero hace mucho tiempo,
la gente creía en ellos.
Los fantasmas han sido parte de Halloween
desde su origen.

Los celtas creían que los fantasmas
visitaban la Tierra el 31 de octubre.
Esta creencia se extendió
a otros países.

En Irlanda, hay una gran cueva que se llama
la "Puerta del Infierno de Irlanda".
Hace tiempo, la gente creía
que esta cueva se abría en Halloween
y que fantasmas salían volando por ella.
Las personas creían que los fantasmas
mataban animales y robaban bebés.

Brujas

Una bruja es una mujer con
poderes mágicos.
La noche de Halloween
también se conoce
como la Noche de las Brujas.

En Escocia, la gente creía que todas las brujas
se reunían en Halloween.
Creían que el diablo las reunía
y que bailaban toda la noche.

Tocaban música con la "gaita del diablo".
Esta gaita estaba hecha
¡con cabezas de gallinas
y colas de gatos!

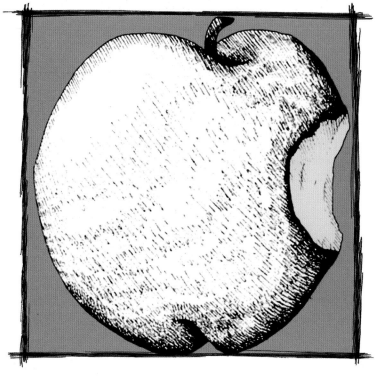

Manzanas

Las manzanas se volvieron parte
de Halloween
cuando los romanos
conquistaron a los celtas.
En Halloween,
se juegan muchos juegos con manzanas.

Uno de los juegos de Halloween es "morder la manzana".

Se atan manzanas a unos cordones que cuelgan del techo.

Todos juegan por turno.

Se paran sobre una silla.

Las manzanas se mecen en el aire.

La gracia del juego es morder una manzana ¡pero sin sujetarla con las manos!

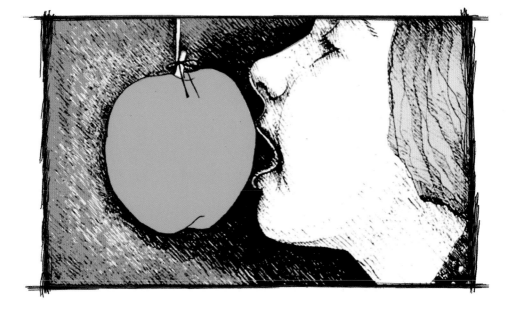

Otro juego de Halloween es
"manzanas en el agua".

Se colocan manzanas
en un recipiente con agua.

El juego consiste en
intentar atrapar una con los dientes.

Las manos deben estar
detrás de la espalda.

Otro juego de manzanas
que se juega en Halloween
es pasar una manzana
de una persona a otra.

En este juego
tampoco se pueden usar las manos;
¡hay que sostener la manzana
con el mentón!

Adivinar el futuro

¿Alguna vez te han dicho tu futuro?
Tal vez alguien te haya leído
la palma de la mano.
Otras personas leen las hojas del té.
Los adivinos les dicen a las personas qué
podría sucederles.

Para adivinar el futuro
los celtas revisaban los restos
de los animales que quemaban
como ofrendas a Saman.

Los celtas creían

en las predicciones de los adivinos.

En Halloween,

nosotros también jugamos

a adivinar el futuro.

Pero sabemos que no es en serio.

Lo hacemos para divertirnos.

Los ingleses también llamaban a Halloween

"La noche del Cascanueces".

Las parejas de novios

arrojaban nueces al fuego.

Si las nueces explotaban,

significaba que tendrían un mal

matrimonio.

Si ardían en silencio,

significaba que su matrimonio sería bueno.

Los irlandeses escondían anillos
en los alimentos.
Quien encontrara el anillo en su porción
se casaría pronto.

 Fogatas

¿Alguna vez has estado
en una fogata de Halloween?
El fuego crepita.
Se siente su calor
y su rico aroma.
Se entonan canciones
y se cuentan historias de fantasmas.
Es un momento de alegría.

Pero antes las fogatas eran algo muy serio.

Los celtas las encendían en honor a Saman.

Luego, se convirtieron

en una costumbre de Halloween

en toda Gran Bretaña e Irlanda.

El objetivo era espantar

a los fantasmas y a las brujas.

En Escocia, la gente encendía antorchas

y corría con ellas por las calles

para asustar a las brujas.

43

Pero antes las fogatas eran algo muy serio.

Los celtas las encendían en honor a Saman.

Luego, se convirtieron

en una costumbre de Halloween

en toda Gran Bretaña e Irlanda.

El objetivo era espantar

a los fantasmas y a las brujas.

En Escocia, la gente encendía antorchas

y corría con ellas por las calles

para asustar a las brujas.

En Gales, también se encendían fogatas.

Cada persona hacía una marca

en una piedra

y la arrojaba al fuego.

A veces, a la mañana siguiente

faltaba alguna piedra.

La gente creía

que la persona que había marcado

la piedra desparecida

moriría ese año.

Las razones antiguas para celebrar
Halloween ya no existen.
Pocas personas todavía creen
que los muertos regresan.
Pero conservamos algunas
de las antiguas costumbres.

Es divertido jugar a que creemos
en brujas y fantasmas.
Es divertido contar historias de terror
y pedir dulces de puerta en puerta.
Es divertido adivinar el futuro,
aunque sepamos
que no es en serio.

En octubre, las hojas secas
susurran como brujas.
Nuestras calabazas iluminadas
sonríen en las ventanas.
Halloween es una forma
de dar la bienvenida al invierno
con alegría.